당당하게 말하고
씩씩하게 해내는
어린이 자신감 연습

Copyright ⓒ Shenzhen Hantu Culture Development Co., Ltd.
Originally published in Chinese by Guangdong People's Publishing House

The Korean translation rights arranged through Rightol Media (Email: copyright@rightol.com)

이 책의 한국어판 저작권은 Rightol 에이전시를 통해 저작권자와 독점 계약한 카시오페아에 있습니다.
저작권법에 의해 한국 내에서 보호를 받는 저작물이므로 무단 전재와 무단 복제를 금합니다.

당당하게 말하고 씩씩하게 해내는
어린이 자신감 연습

한 투 편저 | 김희정 옮김

■ 편집자의 말

'건강'이라는 말은 몸뿐만 아니라, 마음 건강도 의미합니다. 초등학교라는 작은 사회에 발을 들인 아이들은 한층 넓은 세상과 다양한 사람 그리고 자기 자신을 마주하게 되죠. 몸과 마음이 성장하는 이 결정적 시기에 아이들은 수많은 문제를 맞닥뜨리며 무궁무진한 고민을 하기 시작합니다.

친구와 다투면 양보하고 말래! 좋아하는 과목만 들을 거야! 아무리 노력해도 소용없는 것 같은데? 친구와 사이가 안 좋아졌어. 다시는 친구를 사귀지 않을 거야! 나쁜 습관과 헤어질래! 가족 때문에 억울해! 너무 긴장돼! 왜 쟤는 인내심이 없지? 칭찬하기는 너무 어려워. 어떻게 거절해야 할지 모르겠어! 다른 사람들과 생각이 달라!

초등학생의 눈에 이런 문제와 고민은 태산처럼 느껴집니다. 결국 자신감과 통제력, 적극성과 사회성을 꽁꽁 옭아매 아이들을 나약하게 만들죠. 아이들은 이런 문제와 고민에서 스스로 벗어나기 쉽지 않습니다.

저희는 이런 어려움을 해결하고자 다수의 심리 전문가와 함께 「만화로 읽는 초등 자기계발」 시리즈를 만들게 되었습니다. 초등학생이 일상에서 마주하는 갖가지 문제를 해결하는 방법을 이해하기 쉬운 스토리와 만화 형식으로 설명합니다. 이를 통해 아이들은 훌륭한 심성, 꿋꿋한 의지와 원

만한 인간관계, 온전한 인격과 건강한 마음 상태를 지닌 청소년으로 성장할 수 있습니다.

아이들이 자기 내면을 이해하고, 마주할 좌절과 어려움을 성장의 양분으로 삼는 데에 이 시리즈가 도움이 되기를 바랍니다. 부모님들에게는 이 책이 성장기 아이를 더 나은 길로 인도하는 수단이 되길 바랍니다.

「만화로 읽는 초등 자기계발」 시리즈와 함께라면 아이들이 마음속에 쌓아 둔 고민을 깨부수고 나와 조금씩 더 강해질 거라고 믿습니다. 어떤 어려움을 맞닥뜨리더라도 결국 그 장해물을 뛰어넘어 더 멋지게 성장할 거예요!

■ 등장 인물

강환희 11살, 5학년. 강질주의 누나. 공부를 잘하며 자존심이 세다. 좋아하는 것도 취미도 많다.

강질주 8살, 2학년. 강환희의 동생. 장난꾸러기이지만 사랑스럽다. 어른을 어려워한다.

왕고은 강환희와 같은 반 단짝. 예쁘고 공부도 잘하며 다재다능하다.

이강한 강질주의 앞자리 친구. 활발하고 한번 무언가를 좋아하면 푹 빠진다. 살짝 덜렁댄다.

천산호 애교 많은 깜찍한 친구. 하지만 남에게 많이 의지하는 성향이 있다.

온누리 늘 반장을 도맡는 공붓벌레. 정의롭고 완벽을 추구하는 도도한 친구.

한빛 선배 아동 심리학 전문가. 아이들의 좋은 친구. 태양처럼 밝고 명랑하다.

도 여사님 강환희와 강질주의 엄마. 아름답고 지혜롭다. 아이들의 의사를 존중하고 함께 이야기하는 것을 좋아한다.

강 선생님 강환희와 강질주의 아빠. 깐깐한 원칙주의자이며, 자신의 일을 사랑한다.

왕 선생님 국어 선생님. 아이들을 사랑하며 책임감이 강하다. 가끔 일부러 엄하게 굴기도 한다.

옆집 진 여사님 천산호의 엄마. 말투는 날카로워도 마음만은 따뜻하다.

목차 CONTENTS

1. 내 생각을 당당하게 말할래요

01. 내 외모가 마음에 안 들어 • **012**

02. 긴장하면 안절부절못하고 몸을 꼼지락거려 • **018**

03. 친구처럼 되고 싶어 • **024**

04. 남들이 가진 건 나도 가질래! • **030**

05. 항상 생각 없이 친구를 따라가는 것 같아 • **036**

06. 싸우기 싫으니까 그냥 양보할래 • **042**

2. 어떤 과목이든 자신 있게 도전할래요

07. 어려운 일을 마주하면 도망치고 싶어 • **050**

08. 중요한 순간에 늘 실수해 • **056**

09. 못하는 과목은 보기도 싫어! • **063**

10. 선생님께 혼났더니 자신이 없어 • **070**

11. 난 왜 계속 실패할까? • **076**

3. 친구처럼 용감해지고 싶어요

12. 사람들 앞에서 말하는 게 두려워 · 084

13. 낯선 사람 앞에선 목소리가 작아져 · 090

14. 큰일이야, 다들 나만 보잖아 · 096

15. 선생님께 질문하기가 힘들어 · 102

16. 엄마의 도움 없이 할 수 있을까? · 108

17. 괴롭힘을 당했어, 어떡하지? · 114

4. 멋진 리더가 될래요

18. 대회에 나가서 자신감을 키워 보자 · 122

19. 단체 활동에서 더 잘하고 싶어 · 128

20. 단체 활동을 이끌어 보고 싶어 · 134

1
내 생각을 당당하게 말할래요

01. 내 외모가 마음에 안 들어

02. 긴장하면 안절부절못하고 몸을 꼼지락거려

03. 친구처럼 되고 싶어

04. 남들이 가진 건 나도 가질래!

05. 항상 생각 없이 친구를 따라가는 것 같아

06. 싸우기 싫으니까 그냥 양보할래

01 내 외모가 마음에 안 들어

🧡 내 마음 들여다보기 🧡

어느 날 언제든 외모를 마음대로 바꿀 수 있는 초능력을 얻게 된다면 어떨 것 같나요? (　)

A. 잘됐다! 예전부터 내 얼굴이 못생겼다고 생각했어요. 드디어 마음에 드는 얼굴로 바꿀 수 있겠네요!

B. 난 지금도 예뻐서 굳이 바꿀 필요 없어요.

C. 내 외모는 평범하지만, 중요한 건 외모가 아니에요. 나는 더 똑똑해지고 싶어요.

마음속 고민

한빛 선배가 도와줄게

'완벽주의'라는 벽을 부수고 나 자신을 좋아하는 법을 배워 봐.

방법 1 우리는 늘 자기 외모에 불만을 느끼고 단점에 집중합니다. 자기에 대한 기대치가 높아서 그래요. 드라마 주인공들을 떠올려 보세요! 세상에서 가장 예쁜 얼굴은 아닐 수 있지만, 늘 용감하게 자신의 아름다움을 드러내잖아요. 장점을 발굴하고, 나만의 아름다움을 찾아보세요. 우리는 모두 세상에 하나뿐인 주인공이랍니다.

한빛 선배가 도와줄게

친구가 외모를 평가해서 어색해지고 움츠러든다면 유머로 떨쳐 내 보아요.

방법 2 외모로 놀림을 받으면 정말 견디기 힘들죠. 이럴 때는 유머로 반격하면 좋아요. 태연하게 내 외모의 단점을 인정하면서 농담을 던지면 불쾌하고 어색했던 기분도 조금은 사그라진답니다. 유머러스하고 자신감 있게 말하면 좋은 친구도 더 많이 사귈 수 있어요!

한빛 선배가 도와줄게

씩씩해 보이도록 고개를 들고 가슴은 쫙 펴!

방법 3 키나 몸무게만 외모를 가늠하는 기준이 아니에요. 그보다는 반듯한 자세가 더 중요하죠. 등이 구부정하고 어깨가 말려 있으면 바람 빠진 고무공처럼 보이는데, 고개를 들고 가슴을 펴면 용감한 전사 같아요. 자세만 반듯하게 고쳐도 더 활기차고 빛나 보인답니다.

조금씩 성장하는 우리

아름다움은 내면에서 나오는 거야. 그러니까 외모가 완벽하지 않아도 상관없어. 열심히 공부하고, 성실하고, 친절하고, 손재주가 좋고……. 다양한 장점이 있기에 우리는 사람들 사이에서 반짝반짝 빛나. 몇 가지 사소한 방법만으로도 우리는 더 아름다워질 수 있어.

- 청결한 상태를 유지하기

- 단정하고 몸에 맞는 옷 입기

- 늘 환하게 미소 짓기

- 꾸준히 운동하기

도움이 될 만한 표현들

☐ 난 웃을 때 예뻐.
☐ 난 유일한 존재야.
☐ 내 꿈을 향해 나아갈 때 외모는 문제가 되지 않아.
☐ 자신감 있는 내 모습이 가장 아름다워.

02 긴장하면 안절부절못하고 몸을 꼼지락거려

♥ 내 마음 들여다보기 ♥

다른 사람과 대화할 때 긴장이 되면 어떤 행동을 하나요? (　　)

A. 계속 주변에 있는 연필이나 지우개를 만지작거려요.
B. 나도 모르게 머리카락을 꼬거나 팔이나 뺨을 만져요.
C. 손가락 또는 손톱을 깨물거나 다리를 달달 떨어요.
D. 아무 행동도 하지 않고 숨을 죽인 채 조용히 있어요.

마음속 고민

한빛 선배가 도와줄게

간단한 체조를 하면서 몸의 긴장부터 풀어 봐.

방법 1 자신감이 없을 때, 우리는 머리를 긁적이거나 손가락을 오므리기 쉬워요. 자신감 있는 모습을 보여 주고 싶다면 먼저 몸의 긴장부터 풀어야 합니다. 그다음 마음을 가라앉히면서 자신감을 되찾아 보아요.

한빛 선배가 도와줄게

설명에 맞는 적절한 손동작을 해 봐.

방법 2 자신감이 떨어지고 긴장되어서 손을 어디에 두어야 할지 모를 때가 있죠. 그럴 때는 해설에 어울리는 손동작을 덧붙이세요. 손을 꼼지락거리지 않으면서 설명도 유창하게 할 수 있어 이야기가 더 잘 전달된답니다. 손동작이 필요 없을 때는 두 손을 몸 양쪽으로 자연스럽게 늘어뜨리면 돼요!

한빛 선배가 도와줄게

연습만이 살길! 대화할 때 조금씩 눈을 마주치는 연습을 해 봐.

방법 3 시선이 마구 흔들리면 자신감 없어 보여요. 평소에 친구들과 대화할 때 눈을 마주치는 연습을 해 보세요. 눈빛으로 자신감을 전달하는 거죠. 특히 자기 생각을 표현할 때 눈빛이 단호하면 상대방이 한결 쉽게 수긍할 거예요!

조금씩 성장하는 우리

나는 긴장하면 손짓발짓이 많아져. 이렇게 자신감이 부족해 보이는 습관을 없애려면 의식적으로 나 자신을 통제해야 하지. 앉아 있을 때나 서 있을 때 항상 반듯한 자세를 유지해. 가끔 깜빡하고 손발을 꼼지락대곤 하는데, 오랫동안 꾸준히 연습하면 분명히 나아질 거야.

도움이 될 만한 표현들

- 긴장되면 나 자신에게 미소를 지어 줘. 그럼 긴장이 조금 풀릴 거야.
- 손은 주머니에서 꺼내 허벅지 바깥쪽에 놓아야 자신감 있어 보여.
- 주먹을 쥘 때는 힘을 줘야 해. 힘없이 주먹을 쥐면 자신감이 부족해 보이거든.
- 상대의 눈을 보며 대화하면 더 자신감 있어 보여.

03 친구처럼 되고 싶어

♥ 내 마음 들여다보기 ♥

주위에 무엇을 해도 다 잘하는 친구 한 명쯤 있지 않나요? 공부도 잘하고, 상이란 상은 휩쓰는데 심지어 어른과 친구들에게도 인기가 많죠. 그런 친구를 보면 어떤 느낌이 드나요? (　　)

A. 너무 부러워요. 태어날 때부터 똑똑하고 모두가 좋아하죠. 내가 그 친구라면 좋겠어요.

B. 나도 그 친구보다 잘하는 게 있는데, 왜 사람들은 못 알아볼까요?

C. 그 친구도 사실 단점이 엄청 많은데, 다른 사람들이 모를 뿐이에요. 흥!

D. 친구가 열심히 노력해서 얻은 결과예요. 나도 그 친구를 본받아 발전할래요.

마음속 고민

한빛 선배가 도와줄게

사람은 다 다르고 모두 소중해. 너 자신을 믿어.

방법 1 완벽한 사람은 없지만, 장점이 하나도 없는 사람은 없죠. 사람은 누구나 유일한 존재예요. 타인의 빛나는 점을 부러워하기보다 자신의 특기와 장점을 생각해 봐요. 스케이트보드를 잘 타는 것도, 달리기가 빠른 것도, 남을 잘 돕는 것도, 성격이 좋은 것도 모두 장점이에요. 절대 단점 하나 때문에 스스로를 부정하지 마세요!

한빛 선배가 도와줄게

부모님께 솔직하게 네 마음을 말해.

엄마, 할 얘기가 있어요.

말하렴!

엄마, 온누리랑 비교하지 않았으면 좋겠어요. 그런 말을 들으면 너무 속상해요.

엄마는 격려하려고 말한 거야.

엄마, 최근에 스케이트보드를 탄 건 대회 준비 때문이었어요.

공부도 열심히 할 테니까 칭찬해 주시면 안 돼요?

우리 아들 대단한데! 엄마가 잘못했어. 앞으로는 다른 친구와 비교 안 할게.

방법 2 부모님이 다른 집 친구와 비교하는 건, 우리를 격려하는 방식의 하나예요. 하지만 부모님 말씀으로 자신감에 상처를 입었다면, 속상하다고 솔직하게 얘기해 보세요. 이렇게 직접적으로 말할 수 있어요. "난 칭찬이 듣고 싶어요. 그리고 나도 다른 친구보다 못하지 않아요."

한빛 선배가 도와줄게

나의 부족한 점을 찾고, 친구에게 스스럼없이 조언을 구해 봐.

방법 3 다른 친구의 장점을 통해 나의 단점을 알 수 있어요. 열등감을 느끼며 다른 친구의 그늘 속에 있는 대신, 그 친구를 거울로 삼아 나를 비추어 보거나 선생님으로 삼아 보세요. 나의 부족한 점을 찾고 진정성 있게 도움을 청하면, 친구가 공유해 준 경험과 방법을 통해 성장할 수 있어요.

조금씩 성장하는 우리

나도 잘하는 게 있어. 뭐든지 온누리한테 밀리는 건 아냐. 하지만 온누리의 장점을 보고 배워서 내 단점을 고치고 장점을 더 발전시킬 거야. 당장 온누리를 뛰어넘지는 못하지만, 매일 어제의 나와 비교해 보려고. 어제보다 조금이라도 나아졌다면 자신감이 생길 거야!

- 자신감이 생기도록 매일 자기암시 하기
- 계획을 세우고 시간에 맞춰 달성하기

- 자기만의 목표를 세우고 얼마나 발전할지 숫자로 쓰기

도움이 될 만한 표현들

☐ 다른 사람만 우러러보지 말자. 우리 모두 자기만의 색이 있으니까!
☐ 누구나 뛰어난 사람이 될 수 있는 자질이 있어.
☐ 남들이 뭐라고 하든, 내 장점이 무엇인지 알면 돼.
☐ 나는 유일무이한 존재고 사랑받을 가치가 있어.
☐ 난 누구도 되고 싶지 않아. 그냥 나 자신이 될래.

04 남들이 가진 건 나도 가질래!

♥ 내 마음 들여다보기 ♥

새 장난감이 생긴 친구는 순식간에 인기 스타가 됐어요. 모두 그 친구를 둘러싸고 있죠. 이때, 여러분은 어떤 생각이 들까요? (　　)

A. 걔네 집이 우리 집보다 돈이 많으니까 새 장난감도 많겠다. 너무 부러워!
B. 그게 뭐 대단하다고. 나도 엄마한테 사 달라고 할래!
C. 내 장난감이 더 낡았으니까, 다들 날 무시할 거야. 같이 놀기 부끄러워.
D. 내 장난감도 좋아. 꼭 친구와 똑같을 필요는 없지.

마음속 고민

한빛 선배가 도와줄게

평정심을 유지해. 내가 가진 게 남들보다 못하다고 창피해할 필요 없어.

> 질주야, 내가 이야기 하나 해 줄게!

> 북송 시대 유명한 재상 구양수는 네 살 때 아버지를 여의고 어머니와 단둘이 살았어.

> 종이와 붓을 살 돈이 없어서 어머니는 나뭇가지로 모랫바닥에 글자를 써서 가르쳤지.

> 지주의 집에 책이 많다는 얘기를 듣고 어머니는 책을 빌리려고 그 집에서 일했어.

> 구양수는 불우한 가정환경에도 주눅 들지 않고 열심히 노력해서 스물세 살에 과거시험에 급제했어.

> 물질적으로 부족하다고 창피한 게 아니야. 가진 게 없다고 자신감을 잃지 마.

방법 1 모든 가정은 각자 경제적 수준이 달라요. 남들보다 가진 게 적다고 부끄러워할 필요 없어요. 작은 허영심에 휘둘려 자신감이 사라지고 뭘 해도 기운이 안 난다면, 바라던 물건을 손에 넣는다고 해도 여전히 자신감이 부족하고 공허할 거예요.

한빛 선배가 도와줄게

나한테 없는 것만 생각하지 말고, 내가 가진 것을 잘 살펴봐.

방법 2 친구가 가진 것이 내게 없을 수도 있어요. 그건 친구도 마찬가지랍니다! 화목한 가정, 건강한 몸, 긍정적이고 활발한 성격, 이게 다 나만의 자산이랍니다. 내게 없는 것만 바라보면 우리에게 자부심과 행복을 주는 소소한 아름다움을 놓치게 될 거예요!

한빛 선배가 도와줄게

물질적인 것보다는 노력으로 내 능력을 키우는 게 훨씬 중요해.

방법 3 좋은 운동화를 신는다고 축구를 잘하게 되진 않아요. 우리가 자신감을 얻고 타인의 존중을 받는 이유 역시 예쁜 옷이나 비싼 운동화 같은 물건 때문이 아니랍니다. 노력해서 실력을 키우면 자신감과 타인의 존중은 따라올 거예요.

조금씩 성장하는 우리

　남들보다 가진 게 없어도 열등감을 느끼지 않아. 물질은 일시적으로 허영심을 채워 줄 뿐, 내가 원하는 삶을 살려면 노력이 필요하거든. 끊임없이 성장해서 내 힘으로 아름다운 미래를 만들 거야! 지금은 저축과 용돈 관리법을 배우려고. 그럼 내가 필요한 물건을 직접 살 수 있으니까!

도움이 될 만한 표현들

- "학문을 익히고 기예를 배움에 힘쓰되 남들보다 못하면 분발해야 한다. 의복이나 음식은 남들보다 못하다고 해도 신경 쓸 필요 없다." -《제자규》
- 타인의 장점을 많이 배우고, 물질적인 비교는 줄이자.
- 행복과 자신감은 물질에서 나오는 게 아니라 풍족한 내면에서 나오는 법이야.
- 자신감과 적극성, 용기, 나눔의 즐거움이야말로 진정한 인생 자산이야.

05 항상 생각 없이 친구를 따라가는 것 같아

● 내 마음 들여다보기 ●

친한 친구가 주말에 함께 놀자고 했는데, 여러분은 과학 박물관에 더 가고 싶어요. 이럴 때는 어떻게 할래요? (   )

A. 친구의 제안을 거절했다가 다음에 나랑 안 놀면 어떡하지? 일단 친구랑 놀고 과학 박물관은 다음에 가자.

B. 주말에 다른 계획이 있다고 말하며 친구의 제안을 거절할래.

C. 친구가 가고 싶은 곳이 없다면 과학 박물관에 가자고 해야지. 그럼 일거양득!

마음속 고민

한빛 선배가 도와줄게

네가 정말로 원하는 게 무엇인지 곰곰이 생각해 봐.

방법 1 사람마다 생각이 다른 건 지극히 정상이에요. 친구와 생각이 다를 때는 친구의 생각도 존중해야 하지만, 무엇보다 내가 정말 원하는 게 뭔지 잘 생각해야 해요. 친구와 생각이 다르다면 억지로 따라갈 필요 없어요. 자신 있게 내가 생각한 대로 하면 돼요.

한빛 선배가 도와줄게

소소한 일부터 스스로 결정하는 좋은 습관을 들여 봐.

방법 2 타인에게 의존하는 일이 익숙해서 결정을 못 내리겠다면 사소한 일부터 스스로 결정하는 연습을 해 보세요. 천천히 자신감을 키우면서 스스로 생각하고 결정하는 좋은 습관을 차근차근 길러 봅시다.

한빛 선배가 도와줄게

친구는 또 다른 내가 아니야. 생각이 달라도 괜찮아.

방과 후에 뭐 배울지 정했어?

난 바이올린이 더 좋아서, 바이올린 수업을 들으려고!

잘됐다! 바이올린 잘 배워서 나중에 들려줘야 해?

너랑 생각이 다른데, 화나지 않아?

괜찮아! 오히려 네가 뭐든 내 말대로 했을 때, 부담스러웠는걸!

앞으로 안 그럴게!

방법 3 친구란 함께 놀고 함께 웃을 수 있는 사람이에요. 서로를 통해 다른 인생과 다른 생각을 발견하고 서로 배우며 성장하는 관계이기도 하죠. 그러니까 친구와 생각이 달라도 괜찮아요. 친구끼리는 이해와 포용도 중요하지만, 그보다 독립심과 자신감이 더 중요하답니다!

조금씩 성장하는 우리

언제든 나다운 게 제일 중요해. 내 생각을 표현하지 못하고 남에게 이끌려 다니면 자신감이 떨어질 뿐만 아니라 상대에게 부담을 줄 수도 있어. 그래서 나는 이제 주도적으로 내 생각을 말하는 습관을 기를 거야. 친구들은 자신감 있고 주관이 뚜렷한 나를 더 좋아할 거라고 믿어!

● 완곡하게 거절하는 법 배우기

● 내 생각을 말하는 습관 들이기

● 내 생각대로 생활하기

도움이 될 만한 표현들

☐ 타인의 생각은 내가 나아갈 방향과 다를 수 있어.
☐ 타인의 생각이 틀릴 때도 있으니까, 나 자신을 믿을래.
☐ 내 진심을 표현하지 못하면 친구와 사이가 점점 멀어질 거야.
☐ 친구니까, 서로 다른 선택을 이해해 봐요.

06 싸우기 싫으니까 그냥 양보할래

♥ 내 마음 들여다보기 ♥

한 문제를 두고 친구와 다툼이 생겼어요. 여러분은 스스로 옳다고 생각하지만, 이 친구가 여러분보다 성적도 좋고 다들 이 친구 말이 맞대요. 이럴 때는 어떻게 할래요? (   )

A. 나보다 성적이 좋으니까 내가 틀렸겠지. 일단 양보하자.

B. 쓸데없는 문제 만들지 말아야지, 그만 싸울래.

C. 친구가 뭐라고 하든 나는 내 의견을 고집할 테야. 절대 양보 안 해.

D. 먼저 진지하게 친구의 의견을 들어 보고 차분한 태도로 토론할래.

마음속 고민

한빛 선배가 도와줄게

합리적인 논쟁은 서로의 발전에 도움이 돼.

환희가 말해 주지 않으면 고은이는 계속 틀릴 거야. 네가 자세히 설명해 주면 고은이도 이해하고 네 말을 들어 줄 거야.

그럼 내일 얘기해 볼게.

다음 날

고은아, 어제 내가 집에서 다시 계산해 봤는데 아무래도 틀린 것 같아.

여기 봐. 전에 네 계산법이 틀렸어.

정말이네. 근데 이 뒷부분은 더 간단한 계산법이 있어.

문제 해결!

고마워, 너 아니었으면 계속 틀릴 뻔했어.

방법 1 논쟁을 피하기만 하면 자신감도 없고 소심해 보여요. 실수하지 않는 사람은 없어요. 자기 생각이 옳다고 굳게 믿으면, 용감하게 주장해 보세요. 자기 능력도 긍정할 수 있고, 실수가 커지는 걸 막을 수도 있답니다.

한빛 선배가 도와줄게

가족과 함께 연습하며 토론할 담력과 용기를 키워 보아요.

방법 2 자신감이 부족하면 자기도 모르게 토론을 피하게 돼요. 집에서 가족끼리 작은 토론 대회를 열어 연습해 보세요. 그럼 자신감도 기를 수 있고 토론할 때 더 명확하고 조리 있게 자기 관점을 말할 수 있어요.

한빛 선배가 도와줄게

논쟁의 '선'을 파악해 보자. 싸움이 날 것 같을 땐, 잠시 멈춰 봐!

방법 3 토론할 때는 먼저 상대 의견을 경청한 다음 차분하게 자기 의견을 말해 보세요. 한참 논쟁을 펼쳐도 결론이 안 나고, 심지어 싸움이 날 것 같다면 일단 멈추고 천천히 생각을 정리해 봐요. 그럼 싸움으로 번지지 않고 감정도 상하지 않을 수 있어요.

조금씩 성장하는 우리

　논쟁은 나쁜 게 아니야. 논쟁을 계속 피한다면 점점 자신감이 떨어지고 사람들과 대화할 때 남의 기분을 맞추려고만 하게 돼. 그래서 난 내가 옳다는 확신이 들면 타협하지 않고 의견을 주장해. 토론할 때 내 관점을 분명하게 표현하고 상대를 설득할 수 있는 기술 몇 가지도 배웠어.

- 차분한 말투로 내 의견을 표현하기

- '우선, 그다음, 또한' 같은 단어로 논리정연하게 표현하기

- 명언이나 우화를 인용하면 설득이 더 쉬워.

도움이 될 만한 표현들

- 진리는 논쟁을 거칠수록 명확해져.
- 토론하기 전, 우선 스스로 확신이 있어야 상대방도 날 믿게 할 수 있어.
- 나는 옳게 말했고, 잘 표현했어. 자신감을 가져.
- 예의 바르게 반박해야 내 주장에 더욱 설득력이 생겨.

어떤 과목이든
자신 있게 도전할래요

07. 어려운 일을 마주하면 도망치고 싶어

08. 중요한 순간에 늘 실수를 해

09. 못 하는 과목은 보기도 싫어!

10. 선생님께 혼났더니 자신이 없어

11. 난 왜 계속 실패할까?

07 어려운 일을 마주하면 도망치고 싶어

♥ 내 마음 들여다보기 ♥

숙제하는데 어려운 문제가 나왔다면, 어떻게 할까요? (　　)

A. 너무 어려워서 절대로 못 풀 테니 일단 내가 잘 아는 문제부터 풀래!

B. 머리를 쥐어짜는 한이 있어도 이 문제를 풀고 말겠어!

C. 교과서부터 훑으면서 풀 수 있을지 살펴보고 안 되겠으면 선생님께 여쭤볼래.

D. 딱 보고 이해가 안 되는 문제는 절대로 못 푸니까 포기할래.

마음속 고민

한빛 선배가 도와줄게

자기의 장점을 찾아서 도전을 두려워하는 마음속 작은 괴물을 무찔러 봐.

방법 1 두려움은 작은 괴물처럼 우리의 자신감을 갉아먹어요. 그러니까 어려움을 맞닥뜨렸을 때는 자기 장점과 주눅 든 이유를 쭉 적어 보세요. 그러면 지금 마주한 어려움보다 자기 장점이 훨씬 크다는 것을 알게 돼 별로 두렵지 않을 거예요.

한빛 선배가 도와줄게

상황을 나누어서 대응해 봐. 가장 쉬운 것부터 하나하나 해결하는 거지.

방법 2 커다란 문제 하나를 작은 문제 여러 개로 쪼개고, 난이도를 표시해 봐요. 그다음 가장 쉬운 문제부터 해결해 나가는 거예요. 그 과정에서 자신감도 되찾을 수 있어요. 정말로 해결하기 어려운 문제가 생기면 부모님이나 선생님께 도와 달라고 해요!

한빛 선배가 도와줄게

승패보다는 성장이 중요하다고 스스로에게 말해 주자.

방법 3 승자가 있으면 패자도 있어요. 지는 게 두렵다고 도전을 포기하면 질 수밖에 없죠. 그보다는 승리할 수 있을지도 모르니 시원하게 한판 겨루는 게 나아요. 더구나 도전하는 과정에서 우리는 많이 성장하고 어제의 나보다 발전한답니다. 그러니까 결과에 상관없이 우리 모두 승자예요.

조금씩 성장하는 우리

고난을 맞닥뜨렸다고, 맨날 도망치고 어떤 문제도 스스로 해결하려 하지 않으면 발전할 수 없어. 고난은 거울과 같아서 자꾸 우리의 부족함을 비추지. 그러니까 지금부터 매일 조금씩, 올바르지만 어려운 일들을 시도해 보면서 나만의 '안전 지대'를 확장해 봐. 그럼 얼마 안 가서 달라진 나를 발견하게 될 거야.

- 매일 아침 일찍 일어나기

- 조금 어려운 문제를 매일 풀기

- 엄두가 안 났던 일 도전해 보기

도움이 될 만한 표현들

☐ 어려움은 약자에게 강하고 강자에게 약한 괴물이야. 피하려 할수록 무섭게 달려들고, 직면하면 원래 모습을 드러내.

☐ 일단 한번 해 보면, 생각했던 만큼 어렵지 않다는 걸 알게 돼.

☐ 결국 지더라도 별거 아니야. 최선을 다했다면, 부끄러울 일도 없어.

08 중요한 순간에 늘 실수를 해

♥ 내 마음 들여다보기 ♥

평소에 공부도 열심히 하고 숙제도 훌륭하게 해내는데 시험 볼 때는 제 실력을 발휘 못 해요. 그럴 때, 어떤 생각이 드나요? (   )

A. 매번 시험장에만 들어서면 머릿속이 하얘져요!

B. 시험 때마다 긴장하는 탓에 풀 수 있는 문제도 틀려요!

C. 멘탈이 약한 것 같아요. 마음을 다잡아야겠어요.

D. 나는 시험하고 안 맞아요. 시험을 안 보고 싶어요.

마음속 고민

한빛 선배가 도와줄게

부담을 내려놓고 '바늘구멍' 심리를 극복해 봐.

방법 1 중요한 순간에 늘 '지면 안 된다, 지면 어떻게 될 거다.' 하고 생각하면 무의식중에 부담을 느껴서 긴장하게 돼요. 그러면 자신 있게 나의 실력을 전부 발휘하지 못해요. 가벼운 마음으로 부담을 내려놓으면 쉽게 이길 수 있을 거예요.

한빛 선배가 도와줄게

긍정적인 표현으로 자기암시를 걸어 봐.

방법 2 자기암시를 걸 때는 적극적이고 긍정적인 표현을 사용해야 합니다. '침착해.', '나는 할 수 있어.', '나는 최고야.'라고 말해 보세요. '긴장하지 마, 두려워하지 마.'와 같이 부정적인 표현은 적게 사용해요. 적극적인 표현을 써야 우리의 긍정적인 감정을 일깨우고 발전할 힘이 생겨서 자신감도 최대로 끌어올릴 수 있답니다.

한빛 선배가 도와줄게

심호흡하면서 긴장을 풀어 봐.

방법 3 긴장될 때 심호흡하면 혈중 산소 포화도가 증가해서 대뇌를 자극해요. 앞으로 걱정되는 일이 아닌 심호흡에 집중해 보세요. 자연스럽게 몸과 마음이 편해지면서 다시 침착해지고 용기와 자신감도 늘어난답니다.

한빛 선배가 도와줄게

내가 해야 할 일에 주의를 집중해 봐.

방법 4 긴장해서 주의가 흐트러지면 어느 한 지점에 시선을 고정하고, 하려는 일에 집중해 봐요. 달리기 대회라면 결승선에 시선을 고정하고 머릿속으론 발을 내딛는 데에 집중하는 거예요. 그럼 빠르게 몰입할 수 있고 마음도 차분하고 편안해져요. 평소 실력은 물론 그 이상을 발휘할 수도 있답니다.

조금씩 성장하는 우리

사실 실력보다 심리적인 문제로 질 때가 많아. 중요한 순간이 다가올수록 기대가 높아져서 그래. 스트레스가 크면 평소 실력을 발휘하지 못하기 쉽거든. 그래서 나는 정신력이 강해지도록 다음과 같은 마음 훈련을 자주 해.

👉 나를 스스로 응원하기

👉 평소와 같은 마음으로 도전을 마주하기

👉 한눈팔지 않도록 도전 과정에 주의력을 집중하기

도움이 될 만한 표현들

- ☐ 중요한 순간에는 마음을 편안히 하고 평소 하던 대로 하자.
- ☐ 최악의 결과라고 해 봤자 실패일 뿐이야. 다시 하면 그만이야!
- ☐ 스스로에게 부담을 주지 않아야 더 좋은 성과를 거둘 수 있어.
- ☐ 이 순간에 집중해. 결과는 끝난 후에 생각할 문제야.

09 못 하는 과목은 보기도 싫어!

♥ 내 마음 들여다보기 ♥

수학 성적이 나빠서 매번 평균 성적을 깎아 먹는다면, 여러분은 어떻게 할 건가요? (   )

A. 수학자가 될 것도 아니고 수학은 내게 쓸모없으니까 공부 안 할래요.

B. 난 국어 공부가 좋으니까, 수학 시간에 국어 독해 문제를 몇 개 더 풀래요.

C. 수학이 약점이라고 전체 성적에 영향을 미치게 둘 수 없어요. 보완할 방법을 찾아야 겠어요.

마음속 고민

한빛 선배가 도와줄게

마음가짐을 바꿔서 상대적으로 약한 과목에 흥미를 찾아봐.

방법 1 어떤 일을 싫어하면, 그 일은 잘하기 어려워요. 마찬가지로 성적이 안 좋은 과목을 싫어하면 과목 편식은 더 심해질 수밖에 없죠. 이 악순환에서 벗어나려면 먼저 마음으로 그 과목을 받아들여야 해요. 그 과목의 가치와 의미를 알아내고 좋아하려고 노력해야 그 과목을 극복할 자신감이 생긴답니다.

한빛 선배가 도와줄게

약점을 극복할 학습 계획을 세워 봐.

방법 2 약한 과목을 공부하려는데 어디서부터 시작해야 할지 모르겠다면 기본 개념부터 정리해 보세요. 매일 개념 한 가지를 공부하되, 정해진 시간 내에 그 개념을 확실히 내 것으로 만들어요. 단, 공부 시간을 너무 길게 잡지 말고 공부할 개념도 단순하게 잡도록 해요. 그래야 포기하지 않고 꾸준히 할 수 있답니다!

한빛 선배가 도와줄게

간단한 문제부터 풀면서 점점 자신감을 키워 봐.

방법 3 약한 과목을 빨리 잘하고 싶다고 어려운 문제를 골라서 풀면 오히려 자신감이 떨어질 수 있어요. 약한 과목을 공부할 때는 속도를 늦추고 간단한 내용부터 시작해서 조금씩 정복해야 해요. 차츰 많은 내용을 익히면서 자신감도 쑥쑥 자랄 거예요.

한빛 선배가 도와줄게

올바른 공부 방법을 찾아서 약점을 강점으로 바꿔 봐.

방법 4 대개 어떤 과목을 잘하지 못할 때는 올바른 공부 방법을 몰라서 그런 경우가 많아요. 공부하면서 꾸준히 정리해 보고, 선생님이나 선배 혹은 경험 있는 친구들에게 물어보면서 자기에게 맞는 공부법을 찾아야 합니다. 올바른 방법만 찾으면 학습 효율도 높아지고 약점이 서서히 강점으로 변할 거예요.

조금씩 성장하는 우리

　약한 과목은 계속 우리에게 영향을 미치며 자신감을 갉아먹어. 밑 빠진 독에 물을 아무리 부어도 소용없듯이 말이야. 용기를 내서 그 과목을 신경 쓰고 바꿔 나가야 영향을 덜 받을 수 있지. 그래서 난 스스로에게 이렇게 말해. "어떤 과목도 생각만큼 어렵지 않다.", "올바른 방법을 찾아서 열심히 공부하면 반드시 성과를 거둘 수 있다."

● 약한 과목을 정복하겠다는 자신감 갖기　　● 선생님께 물어보기

● 노력으로 부족함을 메우기. 성적이 낮은 과목 공부 시간 늘리기

도움이 될 만한 표현들

☐ 국어를 잘하는 만큼 수학도 잘할 수 있어. 자신감을 가져.

☐ 나에게 맞는 공부 방법을 찾으면 성적은 금방 오를 거야.

☐ 잘하지 못하는 과목일수록 용기를 갖고 정복해서 잘하는 과목으로 만들어야 해!

☐ 못하는 과목을 좋아하려고 하다 보니까, 생각보다 어렵지 않다는 걸 알게 됐어.

10 선생님께 혼났더니 자신이 없어

♥ 내 마음 들여다보기 ♥

연이은 시험에서 성적이 계속 떨어지니까 선생님이 교무실로 불러 따끔하게 꾸짖으셨어요. 이때, 어떤 생각이 드나요? (　)

A. 선생님이 날 싫어해서 혼내는 거 아니야?

B. 나는 열심히 노력했는데도 선생님께 혼났어. 나는 공부를 못하나 봐. 그냥 포기할래.

C. 혼내든가 말든가. 한 귀로 듣고 한 귀로 흘려야지.

D. 날 위해 꾸짖으신 거니까 좀 더 신경 써야겠다. 똑같은 실수를 반복해선 안 돼.

마음속 고민

한빛 선배가 도와줄게

선생님이 왜 혼냈는지 잘 생각해 봐. 애정 어린 표현일 수도 있어.

고은아, 오늘은 왜 피아노 연습 안 해?

음표 몇 개 잘못 쳤다고 선생님께 호되게 꾸중을 들었어. 자신감이 훅 떨어져서 연습하기 싫어!

전에는 계속 잘 쳤잖아. 이번에는 왜 틀렸어?

요즘 만화 보느라고 피아노 연습을 게을리했어.

선생님이 혼낸 건, 우리가 잘못했기 때문이야.

선생님은 널 사랑하니까 네가 발전하길 바라서 꾸중하신 거야. 잘되길 바라니까 네 문제를 지적하는 거지.

고마워. 언니 말 들으니까 마음이 조금 나아졌어.

방법 1 선생님이 혼낸다고 해서 여러분을 미워하는 게 아니에요. 오히려 그 반대죠. 선생님의 꾸지람 속에는 여러분을 향한 애정과 기대가 담겨 있어요. 진심으로 우리를 위해, 제때 잘못된 점을 고치길 바라는 거예요. 그러니까 선생님 꾸중을 애정의 표현으로 생각해 봐요.

한빛 선배가 도와줄게

칭찬 받은 순간을 떠올리며 자신감을 되찾아.

방법 2 선생님께 꾸중을 들으면 기분이 안 좋고 자신감이 떨어질 수 있어요. 마음을 다 잡고 우울해진 기분에서 빠져나오는 방법을 배워야 해요. 선생님이 우리를 격려하고 칭찬했던 순간을 돌이켜 보면서 자신감을 되찾고 다시 힘내 보아요!

한빛 선배가 도와줄게

바로바로 잘못을 고치고, 다시 틀리지 않게 노력해.

방법 3 선생님께 꾸중을 들은 후에는 잘못을 바로 고쳐서 같은 일로 지적받지 않는 것이 가장 중요합니다. 그러면 꾸중을 듣는 일이 우리의 빠른 발전을 돕는 좋은 일이 될 거예요.

조금씩 성장하는 우리

'몸에 좋은 약은 입에 쓰다.'라고 하잖아. 성장 과정에서 실수는 피할 수 없어. 그리고 선생님의 꾸중은 잘못을 제때 고치게 도와주는 '좋은 약'이지. 그러니까 난 선생님의 지적을 똑바로 받아들이고 선생님께 혼난 후에는 이렇게 할 거야.

- 꾸중을 들었지만, 자신감을 잃지 말기
- 잘못을 인정하고 선생님께 지적해 주셔서 감사하다고 말하기

- 제때 잘못을 고쳐서 선생님께 나아진 내 모습을 보여드리기

도움이 될 만한 표현들

- ☐ 선생님의 꾸중에는 날 향한 깊은 애정이 담겨 있어.
- ☐ 선생님의 꾸중은 내가 발전할 수 있게 도와줘.
- ☐ 선생님은 내가 잘되길 바라는 마음에 혼내신 거니까 겸손히 받아들여야지.
- ☐ 내게 가장 엄격한 선생님은 나에게 기대치도 가장 높으셔.

11 난 왜 계속 실패할까?

♥ 내 마음 들여다보기 ♥

과학 수업 후, 선생님이 집에 가서 작은 실험을 해 보라고 숙제를 주셨어요. 혼자 실험을 여러 번 해 봤지만 계속 실패했어요. 이때, 어떤 생각이 들까요? (   )

A. 이렇게 노력했는데도 실패하다니, 화가 난다. 안 할래.

B. 속상해. 왜 난 이런 실험 하나도 제대로 못 할까?

C. 연달아 몇 번이나 실패하다니, 대체 뭘 잘못한 거지? 열심히 찾아봐야겠다.

D. 선생님이나 아빠한테 뭘 잘못했는지 찾아 달라고 해야겠어.

마음속 고민

한빛 선배가 도와줄게

너의 능력을 믿어 봐. 포기하지 않는다면 여러 번 실패해도 괜찮아.

방법1 엄청난 성공을 거둔 위인도 수많은 실패를 경험했어요. 그러니까 실패했다고 자신감을 잃지 말아요. 뒤마처럼, 실패는 잠깐이라고 믿어 보세요. 우리가 더 분발하고 노력해서 실력을 키우면 성공이 우리를 기다릴 거예요.

한빛 선배가 도와줄게

침착하게 실패한 원인을 찾아봐.

방법 2 실패 후에 가장 중요한 건 문제의 원인을 생각해 보는 거예요. 왜 실패했을까? 내 노력이 부족했나, 아니면 다른 이유가 있나? 원인을 찾은 다음 정리해 보세요. 적어 둔 내용을 수시로 보면서 같은 실수를 반복하지 않도록 경계하고 성공 경험을 쌓아 가 보아요.

한빛 선배가 도와줄게

가족, 친구, 선생님에게 도움을 청해 봐.

방법 3 오랫동안 고군분투해도 계속 실패한다면 주변에 도움을 청해 보세요. 가족이나 친구, 선생님에게 문제점을 찾아봐 달라고 하거나 방향을 잡아 달라고 할 수 있어요. 그러면 시행착오도 줄일 수 있고 더욱 자신 있게 해 나갈 수 있답니다.

조금씩 성장하는 우리

실패는 두렵지 않아. 정말 두려운 건 실패한 뒤 다시 일어나지 못하고 자신감을 잃어버리는 거지. 실패했을 때, 선생님이나 부모님께 실망감과 속상함을 하소연해 봐. 잠시 하던 걸 내려놓고 다시 생각하면서 방법을 바꿔 보면 가까운 곳에서 성공이 우릴 기다리고 있을지 몰라.

💛 나쁜 감정을 털어놓기

💛 발상을 전환하고 방법을 바꿔 보기

도움이 될 만한 표현들

☐ 또 실패해도 쉽게 포기하지 않을 거야.
☐ 잠시 실패할 수는 있어도 계속 실패할 리는 없어.
☐ 실패에서 교훈을 얻는다면, 이 세상에 진짜 실패는 없어.
☐ 실패할 때마다 성공에서 점점 가까워지고 있어.

3

나도 친구처럼 용감해지고 싶어요

12. 사람들 앞에서 말하는 게 두려워

13. 낯선 사람 앞에선 목소리가 작아져

14. 큰일이야, 다들 나만 보잖아

15. 선생님께 질문하기가 힘들어

16. 엄마의 도움 없이 할 수 있을까?

17. 괴롭힘을 당했어, 어떡하지?

12 사람들 앞에서 말하는 게 두려워

♥ 내 마음 들여다보기 ♥

사람들 앞에서 발표해 본 경험이 있나요? 그때 여러분은 어땠나요? (   )

A. 너무 긴장해서 더듬더듬 횡설수설했어요.

B. 사람들 앞에 설 엄두가 안 나서 발표해야 할 때마다 최대한 도망쳤어요.

C. 발표하면 하는 거죠. 자신감만 충분하다면 잘 해낼 수 있어요.

마음속 고민

한빛 선배가 도와줄게

도망칠 수 없도록 일단 신청해. 그리고 두려움에 맞서 봐.

방법1 우리는 두렵고 자신이 없어서 좋은 기회를 놓칠 때가 많아요. 자신감의 절반은 실력에서 나오지만, 나머지는 준비 과정을 통해서 메워 가는 거예요. '물러날 길이 없어야 나아갈 길이 보여요.' 그러니까 모험 삼아 마음속 두려움을 직면해 보세요. 용기를 내고 충분히 준비한다면 두려움을 이겨낼 수 있을 거예요.

한빛 선배가 도와줄게

충분히 준비한 다음 미리 연습해 봐.

방법 2 어떤 일이든 충분히 준비해야 자신 있게 할 수 있어요. 말할 내용, 청중의 취향, 현장 상황, 이 모든 것을 사전에 준비하고 알아 둬야 하죠. 친한 사람들에게 청중이 되어 달라고 해서 연습해 보고 문제점을 미리 해결해 두면 실제 상황에서는 긴장이 덜 될 거예요.

# 한빛 선배가 도와줄게

용감하게 연설해. 완벽하지 않아도 괜찮아.

방법 3 아무리 준비를 충분히 해도 청중 앞에서 연설할 때는 소소한 사고가 생기기 마련이에요. 말을 잘못하거나, 대사를 까먹기도 하죠. 긴장해서 그다음 순서까지 망치지 말고 얼른 호흡을 가다듬고 대범하게 고쳐 봐요. 다들 여러분의 자신감을 느낄 거예요. 친구들도 어색해하지 않고 웃고 넘길 거랍니다.

조금씩 성장하는 우리

사람들 앞에서 연설하는 건 많은 사람이 두려워하는 일이지만, 난 나를 표현할 좋은 기회라고 생각해. 그래서 두려울수록 도전해서 이겨 내지. 충분히 준비하고 자신감 있게 표현하면 두려울 게 없어. 앞으로 강연 활동에 많이 참여해서 연설 능력을 기르고 싶어.

- 무대에 오르기 전, 스스로 격려하기
- 관객 중 아는 사람을 바라보며 긴장감을 풀기

- 연설에 온 열정을 쏟아붓기

도움이 될 만한 표현들

☐ 두려움을 이겨내는 첫걸음은 무대에 오르는 거야.

☐ 대범하게 내 생각을 전부 말하면 돼. 어렵지 않아.

☐ 걱정할수록 더 꼬일 수 있어. 부담을 내려놓고 가볍게 도전해!

☐ 실수는 누구나 하니까 고치면 돼.

13 낯선 사람 앞에선 목소리가 작아져

♥ 내 마음 들여다보기 ♥

엄마가 직장 동료 모임에 데려갔어요. 내 또래 친구들도 아주 많을 거라고 했죠. 그런데 아저씨, 아줌마, 친구들 다 모르는 사람들뿐이에요! 어떻게 할까요? ( )

A. 아는 사람이 하나도 없는데, 엄마는 날 왜 데려왔지? 심심해. 집에 가고 싶어!

B. 다들 즐겁게 이야기하는데 나는 못 끼겠어. 구석에 피해 있자.

C. 몰라도 상관없어. 내가 적극적으로 나서서 새 친구를 사귀면 돼!

마음속 고민

한빛 선배가 도와줄게

용감하게, 적극적으로 자기소개를 해 봐.

> 괜찮아, 일단 친구들에게 자기소개를 해 볼래?

> 여러분, 주목. 신입 부원이 자기소개를 할 거예요.

> 안녕, 나는 강질주야. 다들 질주라고 불러.

> 반가워, 질주야!

> 농구랑 만화책을 좋아해. 우리 친하게 지내자!

> 나도 만화책 좋아하는데. 우리 같이 놀래?
> 물론이지!

> 준비운동 같이 하자!

방법 1 상대가 우리를 모르면 당연히 좋아하는지 아닌지 확신할 수 없겠죠. 적극적으로 자기를 소개하고 취미도 말해 보세요. 나의 장점과 자신감 있는 모습을 보여 주면 금세 뜻이 맞는 친구를 찾을 수 있을 거예요. 긴장되면 이렇게 말하며 용기를 북돋워 봐요.
"나는 장점이 많으니까 다들 나를 알면 좋아할 거야!"

한빛 선배가 도와줄게

사소한 얘기부터 시작해서 낯선 친구와 거리를 좁혀 봐.

방법 2 낯선 친구와 어떻게 대화의 물꼬를 터야 할지 모르겠다면 단순한 질문부터 던져 봐요. "넌 어떤 책을 좋아해?", "최근에 무슨 영화 봤어?", "평소에는 뭐 해?" 일단 말문이 트이면 긴장이 풀리면서 상대를 더 잘 이해할 수 있어요. 교류가 늘어날수록 서로 친해지고, 친구를 사귀는 데 자신감도 생긴답니다.

한빛 선배가 도와줄게

모든 기회를 자신감을 키우는 연습이라고 생각해.

방법 3 규모가 큰 모임에 나가야만 사교 능력을 단련하고 자신감을 키울 수 있는 건 아니에요. 일상에서도 낯선 사람과 만날 기회는 많아요. 홍보 활동을 하며 모르는 친구와 만나기도 하고, 물건 살 때 계산원과 인사하기도 하죠. 이런 기회를 놓치지 말고 용감하게 대화하는 습관을 들여 보세요. 자신감이 차곡차곡 쌓일 거예요.

조금씩 성장하는 우리

낯선 사람을 만나면 상대가 우리를 싫어할까 봐, 대화가 어색할까 봐 두려워하는데 사실 자신감이 부족하기 때문이야. 처음부터 친한 사람은 없어. 낯선 게 당연하지. 용감하게 다가가 내 마음을 드러내 보자. 모든 대화를 단련의 기회라고 생각하면 '사교 공포증' 정도는 이겨 낼 수 있을 거야.

- 타인이 날 안 좋아할까 봐 겁내지 말기
- 먼저 다가가서 인사하기

- 용감하게 친구들과 대화하기

도움이 될 만한 표현들

☐ 조금 더 자신 있게 용기를 내면 친구를 사귈 수 있어.
☐ 남들이 알아주길 기다리지 말고 먼저 내 장점을 친구들에게 말해 봐.
☐ 내가 타인이 낯설 듯, 그들도 내가 낯설기는 마찬가지야.
  '낯섦'이라는 벽을 부숴 봐!
☐ 많은 대화를 통해 서로를 이해하면, 낯선 사람도 자연스럽게 친구가 돼.

14 큰일이야, 다들 나만 보잖아

● 내 마음 들여다보기 ●

기말고사 성적이 나왔는데 결과가 썩 좋지 않아요. 그런데 부모님, 친척, 친구들이 성적을 물어본다면, 어떻게 할까요? (   )

A. 내가 몇 점을 받았든 자기들이 무슨 상관인데 물어보지? 짜증 나!
B. 창피해. 숨어 버리고 싶어.
C. 내가 시험을 못 본 걸 알고 비웃으려는 게 분명해.
D. 관심 있으니까 물어보는 거지. 시원하게 말해 버리자. 관심을 받는 게 못 받는 것보다 낫잖아.

마음속 고민

한빛 선배가 도와줄게

스스로 잘한 점을 찾고, 자기 평가에 더 집중하자.

> 고은아, 왜 혼자 여기 있어? 물도 마시고 좀 쉬었다가 해!

> 너는 이번 대회가 어땠던 것 같아?

> 대회 성적 좀 안 물어보면 좋겠어.

> 난 열심히 노력했고, 최선을 다해 춤췄어.

> 맞아, 넌 대단했어! 스스로 부끄럽지 않다면 누가 묻든 움츠러들지 마.

> 다들 날 비웃는걸.

> 아무도 안 비웃었어. 확인해 봤어?

> 아니, 자신이 없었어. 근데 언니 말이 맞아. 난 최선을 다했으니까 숨을 필요 없지!

방법 1 자신감이 부족하고 타인의 평가를 신경 쓰면, 어떤 일을 잘하지 못했을 때 사람들의 관심이 부담스럽게 느껴져요. 하지만 타인의 평가는 별로 중요하지 않아요. 중요한 건 자기 노력을 스스로 칭찬해 주는 거예요. 남이 인정해 주지 않아도 본인은 인정해 줘야죠. 노력했다면 칭찬받아야 마땅하니까요!

한빛 선배가 도와줄게

사람들이 질문하는 이유는 관심과 애정이 있기 때문이야.

방법 2 사람들은 우리에게 관심이 있어서 묻는 거예요. 표현 방식이 살짝 다를 순 있지만요. 그러니까 생각을 바꿔 봅시다. 누군가에게 관심과 사랑을 받는다는 건 얼마나 행복한 일인가요? 당연히 기뻐해야 하죠! 그럼 부담감도 덜할 거예요.

한빛 선배가 도와줄게

도전 결과에 관심이 쏠리는 건 흔한 일이야. 내 생각을 과감하게 말해.

방법 3 대회가 끝나고 결과를 궁금해하는 건 더없이 정상적인 일이에요. 다른 사람의 대회를 보면 우리도 궁금해지잖아요? 계속 피하지 말고 시원하게 말해 버려요. 날 아껴 주는 사람들에게서 위로와 격려를 받으면 자신감도 더 생길 거예요.

조금씩 성장하는 우리

스스로에게 자신감이 없으면 타인의 관심과 평가를 지나치게 신경 쓰게 돼. 모두의 관심을 흔한 일로 생각하면 마음이 편해질 거야. 내가 최선을 다했다면 솔직하게 결과를 말해 봐. 제대로 못한 부분이 있다면 사람들에게 문제점을 찾아달라고 해 보자. 그래야 발전할 수 있어!

도움이 될 만한 표현들

☐ 남들의 관심이 아무래도 불편하다면 관심을 두지 말아 달라고 조심스레 표현해 봐.

☐ 대회가 끝나고 결과를 이야기하는 건 흔한 일이야. 대범하게 말해 버리면 돼.

15 선생님께 질문하기가 힘들어

♥ 내 마음 들여다보기 ♥

최근 수업에서 배운 내용이 조금 어려웠어요. 선생님 설명도 이해가 되지 않아요. 이럴 때 여러분은 어떻게 할 건가요? (   )

A. 잘 모르니까 자신도 없고, 선생님께 묻지도 못해서 점점 실수가 늘어나고 조급해!

B. 선생님께 물어봤다가 내가 수업을 열심히 안 들었다고 생각하면 어떡해? 됐어, 혼자 고민할래.

C. 모르면 물어야지. 선생님은 우리 학습 상태를 가장 잘 아니까 질문을 모아 보자!

D. 이해가 안 되는데, 질문하기도 귀찮아. 세상에 재미난 일도 많은데 괜히 고생하지 말고 공부 안 할래.

마음속 고민

한빛 선배가 도와줄게

못하는 건 정상이야. '못한다.'는 고민은 떨쳐 버려.

방법 1 못하는 걸 잘하게 되는 과정이 공부예요. 못하는 건 정상이니까 고민할 필요 없어요. 게다가 선생님도 우리의 피드백을 통해 수업의 효과를 알 수 있어서 질문하는 학생을 더 좋아한답니다. 이제 용감하게 질문하러 갈 수 있겠죠? 한번 질문해 보면 또 질문하기는 어렵지 않아요.

한빛 선배가 도와줄게

선생님께 배운 내용을 말하면서 구체적으로 질문해.

방법 2 질문이 두려운 건 제대로 표현하지 못할까 봐 걱정하기 때문이에요. 그러니까 질문하기 전에 먼저 생각하고 분석해서 질문을 정리해 봐요. 여러분이 어떻게 사고했고 어디에서 막혔는지를 말하면 더 깊이 있는 질문이 될 뿐만 아니라 선생님이 문제점을 빨리 찾아내고 거기에 맞춰 해결책을 찾아 줄 수 있어요.

한빛 선배가 도와줄게

'질문하기'를 목표로 삼고 의식적으로 질문하는 습관을 들여 봐.

방법 3 자신 있는 사람은 생각하고 질문하는 걸 즐겨요. '매일 선생님께 질문하기'라는 목표를 세우고 '용감하게 질문하기'를 반드시 해내야 할 임무로 생각한다면 차츰 사고와 질문을 즐기는 습관이 생길 거예요. 공부뿐만 아니라 자신감을 기르는 데에도 무척 도움이 된답니다.

조금씩 성장하는 우리

학문(學問). 원래 '배움'과 '질문'은 서로 도움을 주는 관계야. 그러니까 모르면 고민하지 말고 질문해. 선생님도 적극적으로 문제를 발견하고 질문하는 학생을 좋아하셔. 그래야 우리의 문제를 해결해 주실 수 있거든. 많이 생각하고 씩씩하게 질문해. 선생님의 도움을 받아 문제를 해결하면 계속해서 발전할 수 있어.

◆ 용감하게 질문하기

◆ 계속 질문하기

도움이 될 만한 표현들

- 문제를 해결하는 다양한 방법을 가르쳐 주실 테니, 질문이 생기면 선생님께 여쭤봐야 해!
- 선생님도 적극적으로 질문하는 걸 좋아하셔. 얼마나 이해했는지 그대로 말씀드리자.
- 질문하지 못하면 문제가 점점 커질 거야.
- 질문하는 건, 내 표현력을 기를 좋은 기회이기도 해.

16 엄마의 도움 없이 할 수 있을까?

♥ 내 마음 들여다보기 ♥

여름방학이라고 엄마가 1박 2일 캠프를 신청했어요. 처음으로 엄마와 떨어져서 혼자 지내는데 어떤 생각이 들 것 같나요? ( )

A. 엄마의 도움 없이는 아무것도 못 할 거야. 어떡하지?
B. 드디어 엄마의 간섭 없이 하고 싶은 대로 할 수 있다!
C. 이번 기회에 독립심을 키워야겠어. 힘내자!

마음속 고민

한빛 선배가 도와줄게

'엄마, 도와줘요!'에서 '혼자 할 수 있다!'로 입버릇부터 고쳐 보자.

> 엄마, 물 주세요!

> 산호야, 너 그 버릇부터 고쳐야겠어. 뭐든 엄마부터 찾으면 어떡하니?

> 엄마, 나 좀……

> 매번 엄마를 부를 순 없지. 그냥 책상 정리잖아. 혼자 할 수 있어!

> 좋았어, 나도 할 수 있다!

> 야호! 해냈어.

방법 1 자기암시의 힘을 우습게 보지 말아요. '엄마, 도와줘요.'를 입에 달고 살면 의존하는 버릇을 떨쳐 내기 힘들어요. 대신 '나도 할 수 있어.'라고 말해 보세요. 단순하고 힘 있는 긍정의 표현이 우리도 모르는 사이에 자신감은 물론 책임감까지 길러 줄 거예요.

한빛 선배가 도와줄게

평소에 안 해 본 일에 도전해 봐.

> 단추가 떨어졌네. 일단 내가 꿰매 보자.

> 엄마, 단추 달 때 마무리는 어떻게 해요? 말로 설명만 해 주세요.

> 어떻게 마무리하지? 엄마한테 물어봐야겠다.

> 바늘을 여기로 감아서 매듭을 지으면 돼.

> 엄마도 응원할게!

> 앞으로 새로운 일에 더 많이 도전할래요!

방법 2 독립심을 키우고 싶다면 평소에 안 해 본 작은 일부터 도전해 봐요. 어려움이 생기면 부모님께 말로 설명해 달라고 해요. 그렇게 하다 보면 차츰 자기 일은 자기가 하는 좋은 습관이 길러질 거예요.

한빛 선배가 도와줄게

성과를 정리하고 성취감을 느껴 봐.

방법 3 성취감은 자신감을 키우는 데 큰 도움이 돼요. 매일 자기가 한 일을 조목조목 정리하고 작은 성취감을 느끼면서 더 많은 일을 할 수 있다고 스스로 격려해 보세요. 이런 일이 하나둘 쌓이면 자신감도 넘치게 될 거예요!

조금씩 성장하는 우리

독립심을 키우는 건 성장의 필수 과정이야. 우리는 점점 어른이 되니까 언젠가는 부모님의 보호에서 벗어나 홀로 서야 해. 할 수 있다고 믿으면서 용감하게 엄마의 손을 놓고 하나씩 성취해 나가다 보면 주체적으로 사는 능력이 길러질 거야.

- 부모님의 도움을 거절해 보기

- 부모님께 생활 기술을 배우기

- 적극적으로 부모님의 집안일 돕기

도움이 될 만한 표현들

☐ 독립심이 없으면 어른이 되어서 사회에 발붙이고 살기 힘들어. 반드시 지금부터 변해야 해.

☐ 엄마는 평소에 바쁘잖아. 나도 다 컸으니 엄마가 할 일을 나누어 맡을 줄도 알아야 해.

☐ 어려움이 생기면 부모님께 도와 달라고 할 수 있지만, 모든 걸 대신해 달라고 할 필요는 없어.

17 괴롭힘을 당했어, 어떡하지?

● 내 마음 들여다보기 ●

학교에서 괴롭힘을 당했다면 어떻게 할 건가요? (   )

A. 반항하면 다음에 보복하지 않을까? 그냥 참아야겠다…….

B. 반항하고 싶지만 너무 무서워 보여. 내가 못 이길 것 같은데 어떡하면 좋지?

C. 가만히 있는 날 건드리면 안 되지. 나도 똑같이 반격할 테야!

D. 당시에 가만히 있었더라도 부모님께 말씀드리고 도움을 청해야 해. 절대로 날 계속 괴롭히게 두면 안 돼!

마음속 고민

한빛 선배가 도와줄게

두려워 마, 저항 의식을 가져.

방법 1 자신감이 부족하면 괴롭힘을 당해도 반항하지 못해요. 괴롭힘을 당했을 때 가장 안 좋은 대응 방법은 참고 물러서는 거예요. 그러면 상대가 더 오만하게 군답니다. 잘못한 건 우리가 아니라 괴롭히는 사람들이란 걸 알아야 해요. 그러니까 반항 의식을 갖고 우리를 못 해치게 막아야 합니다.

한빛 선배가 도와줄게

늦지 않게 부모님이나 선생님께 도움을 요청해.

방법2 우리 힘으로 부족할 때는 일단 피하세요. 그리고 최대한 빨리 부모님이나 선생님께 솔직하게 도와 달라고 말하고 괴롭히는 아이들과 직접 부딪치지는 말아요. 우리가 해결하기 어려운 일도 어른들은 간단히 해결할 수 있거든요. 부모님은 언제나 우리의 든든한 지원군이란 걸 믿어 보세요.

한빛 선배가 도와줄게

내게 함부로 할 수 없도록 체력을 키우고 힘을 길러.

방법 3 어떤 아이들은 약해 보이는 친구만 골라서 괴롭혀요. 몸을 건강하게 단련시켜 보세요. 못된 아이들과 싸울 힘을 키우기 위해서가 아니라 '만만하지 않은 상대'로 보이기 위해서예요. 운동하면 씩씩하게 저항할 자신감도 생기고, 괴롭히기 좋은 상대로 보이지도 않는답니다.

조금씩 성장하는 우리

줄곧 참기만 하면 못된 친구들은 더 기고만장하게 날뛰면서 우리를 괴롭히지. 또 누가 괴롭히면 난 내게 이렇게 말할 거야. "겁내지 말자. 내가 반항해야 못 하게 막을 수 있어." 그런 다음 몸과 마음을 튼튼하게 단련하고 합리적인 방식으로 내가 다치지 않게 보호할래.

도움이 될 만한 표현들

- ☐ 괴롭힘을 당하는 건 내 잘못이 아니니까 반드시 저항해야해! 절대 참으면 안 돼.
- ☐ 참고 양보한다고 문제가 해결되지 않아. 오히려 나쁜 행동을 눈감아 주는 꼴이지!
- ☐ 강해져야 우리 스스로 지킬 수 있어.
- ☐ 부모님은 늘 곁에서 우리를 지켜주는 든든한 지원군이야.

멋진 리더가 될래요

18. 대회에서 자신감을 키워 보자

19. 단체 활동에서 더 잘하고 싶어

20. 단체 활동을 이끌어 보고 싶어

18 대회에 나가서 자신감을 키워 보자

● 내 마음 들여다보기 ●

학교에서 대회가 열려요. 마침 여러분이 잘하는 분야라면, 어떻게 할 건가요?
( )

A. 난 어떤 경쟁에도 참여하고 싶지 않아.

B. 나가 보고 싶은데, 질까 봐 조금 걱정돼!

C. 내가 잘하는 분야라면 당연히 나가야지! 이기면 내 실력을 증명할 수 있고, 져도 다른 고수한테 배울 수 있으니까.

마음속 고민

한빛 선배가 도와줄게

자기 실력을 객관적으로 평가하고 도전할 자신감을 키워 봐.

방법 1 대회에 나가기 전에 간단히 자기 실력을 평가해 볼 수 있어요. 내 수준이 어느 정도인지, 어떤 부분을 더 훈련해야 할지 알아보는 거죠. 그럼 대회에 참가할 자신감도 얻을 뿐만 아니라 목표에 맞게 대회 준비도 잘할 수 있답니다.

한빛 선배가 도와줄게

대회를 경험하면서 자신감을 차곡차곡 쌓을 수 있어.

> 대회장이 정말 멋져!

> 다들 대단하네. 이따가 침착하게 하자!

> 강환희, 힘내. 할 수 있어!

> 다음 문제는 강환희 선수가 답해 주세요.

> 정답은 '수리부엉이'입니다.

> 정답입니다!

> 관중들의 열정적인 응원에 하나도 안 무서워!

방법 2 무대에 오르기 전에는 현장이나 상대, 관중에 대해 잘 모르니 긴장할 수밖에 없어요. 하지만 대회를 거치며, 차츰 낯선 무대가 익숙해지고 마음도 조금씩 단련이 됩니다. 관중들의 뜨거운 응원도 자신감을 키우는 데에 도움이 돼요. 앞으로 더 순조롭게 대결에 임할 수 있겠죠?

한빛 선배가 도와줄게

대회 결과를 바탕으로 자신 있게 전진해 봐.

방법 3 대회가 끝나면 그간의 노력을 인정하고 얼마나 발전했는지 돌이켜 보세요. 대회에서 성취감과 넘치는 자신감으로 무장하고 더 큰 무대에서 실력을 뽐내 봅시다.

조금씩 성장하는 우리

대회를 치르면서 내 실력을 평가하는 법을 배웠어. 대회장에 서서 실전을 거치면서 담력과 자신감을 기르고 성취감도 얻었지. 차근차근 자신감을 기르고, 경험을 쌓으면서 계속해서 발전해 나갈 거야. 다음 대회는 더 좋은 성적을 거둘 수 있을 것 같아!

도움이 될 만한 표현들

- 대회에 나가면 더 용감하게 내 실력을 보여 줄 수 있어.
- 결과보다 대회를 치르는 과정이 더 즐거웠어.
- 대회 참가자는 경쟁 상대이지만, 보고 배울 점이 많아.
- 조금 더 노력하면 다음에는 더 잘할 수 있어.

19 단체 활동에서 더 잘하고 싶어

♥ 내 마음 들여다보기 ♥

단체 활동에 자주 참여하나요? 단체 활동에서 어떻게 하면 더 잘할 수 있을까요? (   )

A. 난 어려서부터 체력이 약해서 단체 활동을 하면 놀림 받을까 봐 두려워. 그래서 최대한 단체 활동은 피하려고 해.

B. 난 할 줄 아는 게 없어. 단체 활동을 좋아하지만, 다른 친구들에게 짐이 되는 것 같아서 걱정이야.

C. 단체 활동은 머릿수만 채워 주면 되는 거 아냐? 대충 해도 다른 애들이 할 텐데, 뭘.

D. 나는 단체 활동에 자주 참여하고 친구들과 함께 힘을 합쳐서 승리하려고 노력해!

마음속 고민

한빛 선배가 도와줄게

토론에 적극적으로 참여하자.

방법 1 단체 활동을 할 때는 토론에도 적극적으로 참여해 봐요. 팀 전략을 짜는 데 도움이 되는 의견을 과감하게 전달해요. 친구들의 칭찬과 인정을 통해 나의 장점을 명확히 알 수 있어요. 앞으로 더 자신 있게 사람들 앞에서 말하는 법을 익힐 수 있답니다.

한빛 선배가 도와줄게

팀원으로서 나의 몫을 책임지고 해낼 수 있다는 용기를 가져.

방법 2 단체 활동에서는 모두에게 책임과 임무가 있어요. 조금 부족하더라도 적극적으로 내게 주어진 책임과 의무를 다해야 하죠. 그래야 단체 활동의 중요성도 깨닫고, 그 안에서 내 가치도 깨달을 수 있답니다. 자신감과 용기는 덤으로 얻을 수 있어요!

한빛 선배가 도와줄게

서로 격려하고 끝까지 노력하며 팀 승리를 위해 최선을 다하자!

방법 3 팀 승리를 향해 팀원들과 한마음으로 서로 격려해요. 팀원 모두의 자신감과 성취욕을 북돋우며 끝까지 포기하지 말고 응원해야 하죠. 팀의 영광은 우리 모두의 것, 우리 모두의 노력으로 일군 성과랍니다!

조금씩 성장하는 우리

난 단체 활동을 할 때 더 잘하고 싶어서 적극적으로, 최선을 다해서 참여해. 용감하게 내 책임과 의무를 다하며, 팀원들과 하나로 뭉쳐서 팀 승리를 위해 끝까지 싸우지! 모두가 이렇게 노력하면 우리 팀은 분명 모든 어려움을 극복할 수 있다고 믿어!

도움이 될 만한 표현들

- ☐ 내 의견과 역량은 우리 팀에 매우 중요해.
- ☐ 팀에 보탬이 되는 일이라면, 나는 최선을 다할 거야.
- ☐ 팀의 승리를 위해서 내 책임과 의무를 다하겠어.
- ☐ 팀을 위해서 나는 이를 악물고 끝까지 버틸 거야.

20 단체 활동을 이끌어 보고 싶어

● 내 마음 들여다보기 ●

학급 단체 활동을 하려는데, 선생님께서 여러분에게 팀을 꾸려 보라고 하셨어요. 어떻게 할 건가요? (   )

A. 단체 활동을 어떻게 기획할지 몰라서 거절할 거예요!
B. 팀을 꾸리는 사람의 책임과 부담이 너무 커서 맡고 싶지 않아요.
C. 다들 내 말을 안 들으면, 얼마나 민망하겠어요!
D. 선생님은 내게 능력이 있다고 생각해 맡기셨을 테니 용감하게 해 볼래요!

마음속 고민

한빛 선배가 도와줄게

과거에 내가 성공했던 경험에서 용기를 얻어 봐.

방법 1 어떤 일을 계획해 본 적이 있다면 성공했던 경험을 돌이켜 보면서 용기와 자신감을 얻어 보세요. 경험이 없다면, 다른 사람이 어떻게 했는지 살펴보면서 경험을 얻어요. 몸과 마음이 모두 준비되어야 활동을 잘 꾸릴 수 있답니다.

한빛 선배가 도와줄게

지지하고 도와줄 사람을 찾아봐.

> **방법 2** 활동을 기획한다고 해서 모든 일을 직접 해야 하는 건 아니에요. 용감하게 친구들에게 도움을 요청하고 다 함께 힘을 합쳐 활동을 마무리해 보세요. 부담을 줄일 수 있을 뿐만 아니라 성공적으로 활동을 마치면 자신감도 생길 거예요.

한빛 선배가 도와줄게

용기와 자신감으로 무장해.

방법 3 사람은 누구나 긴장합니다. 정상적인 심리 현상이죠. 하지만 활동을 기획한 사람이 긴장감을 극복하고 자신감과 용기를 보여 줘야 동료들도 자신감을 얻고 활동을 순조롭게 이어갈 수 있어요. 돌발 상황이 발생하면, 속으로 이렇게 되뇌어 보세요. "침착해야 해!", "방법이 있을 거야!"

조금씩 성장하는 우리

활동을 기획하면 더 많은 책임과 의무가 생겨. 난 활동 목표를 명확히 하고 전체 계획부터 짜. 내게 협조하도록 친구 관계도 잘 조율하고 늘 침착함을 유지하며 믿을 만한 사람이 되는 것도 중요해. 무엇보다 목표를 이루기 위해 꾸준히 노력해야 해. 이런 경험을 한번 하잖아? 어떤 일도 용감하고 자신 있게 해낼 수 있어!

도움이 될 만한 표현들

- ☐ 활동을 성공적으로 꾸려 보고 싶다면 용감하게 리더로 나서 보자!
- ☐ 활동을 기획하는 것도 내 능력을 보여 줄 좋은 기회야.
- ☐ 리더로서 항상 침착함과 자신감을 유지해. 먼저 겁먹어 버리면 친구들이 잘 따르지 않을 거야.
- ☐ 활동을 잘 이끌고 나면 모두가 날 더 믿고, 좋아할 거야!

당당하게 말하고 씩씩하게 해내는
어린이 자신감 연습

초판 1쇄 발행 2025년 2월 20일

지은이 한투
옮긴이 김희정
펴낸이 민혜영
펴낸곳 데이스타
주소 서울특별시 마포구 월드컵로14길 56, 3~5층
전화 02-303-5580 | **팩스** 02-2179-8768
홈페이지 www.cassiopeiabook.com | **전자우편** editor@cassiopeiabook.com
출판등록 2012년 12월 27일 제2014-000277호

ⓒ한투, 2025
ISBN 979-11-6827-276-7 (73190)

이 책은 저작권법에 따라 보호받는 저작물이므로 무단 전재와 무단 복제를 금지하며, 이 책의 전부 또는 일부를 이용하려면 반드시 저작권자와 (주)카시오페아 출판사의 서면 동의를 받아야 합니다.

- 데이스타는 (주)카시오페아 출판사의 어린이·청소년 브랜드입니다.
- 잘못된 책은 구입하신 곳에서 바꿔 드립니다.
- 책값은 뒤표지에 있습니다.